AF303207

Umberto Scarinzi

# BENEVENTO ROMANA

## Vita pubblica e privata attraverso il lapidario del Museo del Sannio

## Presentazione di Elio Galasso

Cuvillier Verlag Göttingen
Internationaler wissenschaftlicher Fachverlag

**Bibliografische Information der Deutschen Nationalbibliothek**

Die Deutsche Nationalbibliothek verzeichnet diese Publikation in der
Deutschen Nationalbibliografie; detaillierte bibliografische Daten
sind im Internet über http://dnb.d-nb.de abrufbar.

1. Aufl. - Göttingen : Cuvillier, 2011

978-3-86955-936-0

© CUVILLIER VERLAG, Göttingen 2011
  Nonnenstieg 8, 37075 Göttingen
  Telefon: 0551-54724-0
  Telefax: 0551-54724-21
  www.cuvillier.de


1. Auflage, 2011
Gedruckt auf säurefreiem Papier

978-3-86955-936-0

# INDICE

## Presentazione di Elio Galasso

## Il lapidario romano del Museo del Sannio in Benevento

### *Una 'chiave di lettura' proposta da Umberto Scarinzi*

*E' consuetudine dei musei anglosassoni pubblicare in forma didattica le proprie raccolte o addirittura opere singole. Sono descrizioni, o meglio 'chiavi di lettura', destinate a un pubblico non specializzato, al turista colto, alle scuole, a quanti insomma oggi chiedono racconti divulgativi con fondamento sicuro, corredati da immagini. Il giovane Umberto Scarinzi prova qui da noi a darne un saggio con questa rapida illustrazione di alcune epigrafi antiche della raccolta del Museo del Sannio in Benevento, sulla scia dell'attività culturale che quell'Istituto ha svolto per oltre quattro decenni dagli Anni Sessanta del Novecento.*

*Non è, il suo, un impegno d'ufficio, anche se scaturisce dalle attività di Assistente Volontario da lui svolte nel museo beneventano in questi ultimi anni, occupandosi anche di questioni di pubblica fruizione. Ma si vorrebbe che questo lavoro venisse incluso in un ciclo di pubblicazioni del genere a cura dell'Assessorato alla Cultura della Provincia di Benevento, cui il principale museo beneventano fa capo, soprattutto perché conserva nuclei di opere organici e ben individuati, adattissimi allo scopo. Direi quindi che Umberto Scarinzi, nel dare un contributo alla conoscenza di rilevanti beni culturali del Sannio beneventano, implicitamente propone per il prestigioso Istituto la ripresa di attività di ricerca e di studio ad ogni livello, rimaste sospese dal 2004 con non piccolo danno per la comunità. Questo testo è infatti una sua privata iniziativa, su mie indicazioni ed esortazioni dategli anche dopo che lasciai in quell'anno la Direzione del Museo del Sannio. Si tratta di un lavoro meditato per i contenuti selezionati, utile per fare i conti con l'anima insoddisfatta di un pubblico che continua a fare grande attenzione alla civiltà beneventana d'ogni tempo.*

*Scarinzi conduce il lettore in un territorio pressoché ignorato, per non dire rifiutato dal visitatore medio, perché le epigrafi di età classica, pur se esposte con accorgimenti museografici attuali e talvolta ricche di decorazioni, non hanno granché di visivamente accattivante. Chi vi dà un'occhiata si blocca sulle difficoltà dei caratteri paleografici, sul latino diverso a seconda delle diverse epoche, sulle intrusioni della parlata volgare e sugli errori ortografici dovuti a lapicidi, sulle abbreviazioni imposte dalla esiguità del campo scrittorio. A chi entra nel Museo del Sannio e si avvia al*

*Lapidario allineato lungo le pareti del Chiostro di Santa Sofia, l'autore chiede pertanto di rinunciare per quanto possibile alla lettura dello splendido monumento medievale, per volgere lo sguardo alle umili testimonianze epigrafiche, pagine decisive di una storia assai più antica.*

*Invitando a soffermarsi su singole opere di quattro argomenti fondamentali (Cariche istituzionali, Opere pubbliche e munificenza privata, Divinità e culti, Il ricordo dei defunti) egli introduce ai segreti della Benevento romana il visitatore entrato per curiosità diverse, stuzzicandone quella per l'ignoto, un ignoto che man mano gli si disvela come eternità fatta di attimi materializzati uno per uno, quali sono appunto le opere, non esposte per gruppi omogenei ma sobriamente allineate secondo forme e dimensioni, per assecondare la solennità del luogo d'arte. Ne vien fuori un mondo di eventi storici e di ammonimenti sapienziali, perfino vivace e affascinante. Le pagine scritte dal giovane studioso rimandano a quegli eventi, diventano 'racconto' aperto a tutte le risorse dell'immaginario, della simbologia, della quotidianità. Di scena sono divinità e imperatori, cariche pubbliche e militari, professioni e mestieri, poeti e personalità della cultura d'epoca, uomini liberi, matrone e servi, un universo che permette di penetrare una Benevento inattesa perché lontana* da stereotipi, grondante di colori e sapori di una vita dai ritmi lenti e dalle condizioni umane severe, una città che a quella odierna ha saputo lasciare la sua grande eredità.

ELIO GALASSO

## Premessa

Entrare in un lapidario, ossia in quella parte di un museo dove sono esposti i monumenti iscritti dell'antichità romana, e più raramente greca, vuol dire entrare in un luogo che racconta vicende e storie, collettive e personali.

Le iscrizioni, o epigrafi, erano, si può dire, il mezzo di comunicazione di massa degli antichi. Incise su un supporto resistente come la pietra, per durare nel tempo, erano usate dalle autorità pubbliche per rendere noti ai cittadini leggi, decreti, onorificenze, provvedimenti, ed erano usate dai privati per lasciare memoria di sé nelle più diverse situazioni affidando ad esse i messaggi più vari, come la carriera svolta nella politica, nell'amministrazione dello Stato o nell'esercito, un dono fatto alla propria comunità o agli dèi, ed ancora, il proprio nome, semplicemente. Le iscrizioni degli antichi romani, destinate nel loro tempo ad essere lette dai passanti nelle piazze e nelle strade, sono giunte fino a noi, ritrovate in molti casi chissà dove chissà quando nelle città e nelle campagne dopo essere state spesso riutilizzate per i fini più disparati nelle epoche successive alla fine di Roma. Le iscrizioni parlano in una lingua, quella latina, e in un modo, quello della parola abbreviata e sintetica, ormai non più intesi e conosciuti perché il mondo dal quale esse vengono, con tutto il suo complesso ordinamento politico, militare, civile, religioso, non esiste più.

Benevento fu parte di quel mondo e le sue "vecchie pietre iscritte" conservate numerose nel Museo del Sannio, stanche nelle loro logore superfici, raccontano quel mondo ancora adesso, per il passante odierno. Sono parti di tombe, di edifici pubblici, di monumenti onorari e religiosi; tutti frammenti del passato romano della città e della sua provincia.

Ciò che il presente volume si propone è cercare di cucire insieme quei frammenti per aiutare il pubblico, che entra nel lapidario del Museo del Sannio e lo visita senza intendere né la lingua né il significato delle "vecchie pietre", a trovare un contesto, un filo conduttore specifico: quello della storia (politica e sociale) e delle istituzioni della vita pubblica e privata del mondo romano. Per questi motivi sono state operate scelte ben precise. Innanzitutto, per fondere meglio la descrizione dei monumenti con i fatti storici di riferimento si è ritenuto non opportuno seguire la tradizionale impostazione della guida alla collezione epigrafica con ampia introduzione storico-archeologica, spesso troppo specialistica e incomprensibile per il visitatore medio, seguita da un lungo catalogo a schede delle iscrizioni latine con le relative fotografie. Si è invece cercato di costruire un testo continuo articolato in quattro brevi capitoli tematici in cui con linguaggio divulgativo, al fine di non appesantire il discorso, i monumenti del lapidario ritenuti più significativi tra i cinquantatre esposti vengono brevemente introdotti poi mostrati in fotografia e commentati fornendo dati istituzionali ed antiquari. Volendo poi consentire a chi non conosce la lingua latina una facile e rapida comprensione delle iscrizioni, sono state inserite nei diversi capitoli solo traduzioni e parafrasi di esse mentre i testi latini sono stati riportati in un'appendice, per quanti, conoscendo la lingua di Roma antica, volessero apprezzare le iscrizioni pure in originale.

In conclusione, l'intento è stato quello di realizzare uno strumento che fosse in grado di soddisfare in via immediata la curiosità del pubblico, beneventano e non, anche indipendentemente dalla visita al museo, e che fosse nel contempo in grado di aiutarlo a formarsi un'idea circa l'importanza delle iscrizioni in quanto testimonianze storiche.

Nel terminare questa breve premessa mi corre l'obbligo di ringraziare quanti hanno reso possibile la nascita del presente lavoro: il Prof. Elio Galasso per la sua generosa e costante disponibilità; il Dott. Giorgio Nista, già assessore alla cultura della Provincia di Benevento ed attuale sindaco del Comune di

Colle Sannita (Benevento), per avermi dato la possibilità di svolgere un periodo di tirocinio presso il Museo del Sannio dall'aprile 2008 all'aprile 2009; la Dott.ssa Pierina Martinelli, dirigente del Settore attività culturali, artistiche, turismo e sport della Provincia di Benevento, per avermi autorizzato a pubblicare le fotografie delle epigrafi da me scattate nel Museo del Sannio; la Dott.ssa Alfonsina Scarinzi ed il Dott. Fausto Scarinzi per avermi aiutato nel paziente lavoro di revisione del testo e per il sostegno datomi nel lungo periodo in cui questo libro è stato in preparazione; il personale tutto del museo; infine il mio editore.

Napoli, 21 luglio 2010

UMBERTO SCARINZI

## 1.    Benevento in età romana e i suoi assetti costituzionali

Fu dopo le guerre sannitiche, nel 268 a.C., che i Romani, nell'ambito di un grande processo di consolidamento della loro potenza in Italia centro-meridionale, fondarono nella città sannita che essi dicevano *Maleventum* una colonia latina;[1] essa ebbe il nome di *Beneventum*. Il territorio assegnato e diviso ai coloni, non meno di seimila, fu vasto, estendendosi tutto intorno all'attuale Benevento. La colonia beneventana confinava a nord-ovest con la città di *Telesia* (oggi Telese), a sud-est con *Aeclanum* (ora Mirabella Eclano), a sud-ovest con *Caudium* (Montesarchio), a nord-est con *Equus Tuticus* (città che era nel territorio dell'attuale Ariano Irpino).

Ad immagine di Roma le colonie latine ebbero un assetto costituzionale che prevedeva un'assemblea popolare, un senato locale con funzioni consultivo-deliberative, una coppia di magistrati supremi con funzioni esecutive e giurisdizionali ed

---

[1] Le colonie latine, o meglio di diritto latino, erano comunità alleate di Roma formate da persone provenienti da città situate nell'odierno Lazio ed in alcuni casi anche da Romani che però, entrando a far parte di queste colonie, perdevano la cittadinanza romana. Il diritto latino riconosciuto da Roma a tali comunità consisteva nella facoltà di contrarre matrimonio e di praticare il commercio con i Romani ed anche nella possibilità di ereditare da un cittadino di Roma.

alcuni magistrati minori che li affiancavano. Tutti i magistrati erano eletti annualmente dall'assemblea popolare.[2]

Le più antiche iscrizioni romane di Benevento, perdute e note ormai solo per tradizione manoscritta, attestano che in città i due supremi magistrati furono denominati consoli, come a Roma. Esse attestano anche la presenza di pretori, magistrati incaricati dell'amministrazione della giustizia, che affiancavano, probabilmente in numero di due, i consoli per coadiuvarli nell'esercizio delle funzioni giurisdizionali. E' però possibile che l'attestazione della carica di pretore sia dovuta solo al fatto che a partire da un certo momento alla dizione di consoli per i due supremi magistrati sia stata sostituita quella di pretori, meno altisonante e più comune nelle colonie latine.

L'unica iscrizione rimasta a testimoniare in modo diretto la carica di pretore, nonché la complessa articolazione delle cariche di governo della colonia latina di Benevento, è esposta nel lapidario. Si tratta di quella di Gaio Oppio Capitone, un magistrato della città. Tale iscrizione, purtroppo lacunosa, è

---

[2] Per magistrati bisogna intendere nella presente trattazione i rappresentanti del popolo, autorizzati dal popolo, in quanto eletti da esso, a curare i pubblici interessi; essi erano investiti dunque in generale dell'esercizio del potere pubblico. Alcuni magistrati avevano poi anche il potere di comando, cioè il potere di dare ordini e di farli eseguire, e la giurisdizione in materia civile e penale.

anteriore al 90 a.C., anno in cui Benevento, come vedremo, diventò municipio romano. Essa testimonia, oltre la carica di pretore, anche altre cariche pubbliche di livello elevato: l'interregno e la censura. L'interré era il magistrato straordinario che sostituiva i magistrati supremi, consoli o pretori, quando questi non potevano convocare e presiedere l'assemblea popolare per eleggere i magistrati supremi per il nuovo anno. Durava in carica cinque giorni, poi era sostituito da un altro interré e così via fino a quando l'elezione non fosse avvenuta. Il censore era invece il magistrato incaricato ogni cinque anni, insieme ad un collega, di registrare i nomi e i beni dei cittadini. Il governo della colonia beneventana prevedeva poi anche i questori, magistrati minori con compiti di gestione e custodia del denaro pubblico oltre che incaricati della repressione criminale.

**Foto 1.** Iscrizione di Gaio Opplo Capitone – II secolo a.C.

L'iscrizione, incisa e colorata di rosso, è una dedica che riporta la lunga carriera del magistrato; vi si legge: "A Gaio Oppio Capitone, questore, pretore, interré, censore". Egli dunque aveva iniziato la carriera come questore fino a ricoprire la carica di censore. L'iscrizione apparteneva forse alla tomba del magistrato beneventano.

Al periodo della colonia latina è databile anche un frammento di una lastra di pietra recante resti di un'iscrizione molto antica in cui sono ricordati ben sette questori.

**Foto 2.** Iscrizione dei sette questori – III/II secolo a.C.

L'iscrizione, molto logora, incisa e forse originariamente anche colorata di rosso, elenca in colonna i nomi di sette uomini; essa dice: "Gaio Suessanio figlio di Gaio, Lucio Amio figlio di Numerio, Lucio Nonio figlio di Marco, Gneo Suellio figlio di Gneo, Lucio Munazio figlio di Lucio, Gaio Vaterrio figlio di Gaio, Gaio Freganio figlio di Numerio. Questori". Dato l'elevato numero di magistrati ricordati, l'iscrizione sembra riferirsi ad un vero e proprio collegio di questori, cosa non insolita per le colonie latine; tuttavia non è da escludere che i questori ricordati possano aver ricoperto la stessa carica in periodi diversi. Questa iscrizione doveva essere parte di un monumento pubblico della città.

Verso la fine della guerra sociale (91-89 a.C.), che vide Roma trionfare sui popoli italici fino ad allora suoi alleati (*socii*) ma ribellatisi per ottenere parità politica, venne varata a Roma la legge Giulia (90 a.C.). Con tale legge veniva concessa la cittadinanza romana a tutte le comunità latine e alleate rimaste fedeli a Roma durante la guerra. Tra queste c'era Benevento che così nel 90 a.C. passò dallo stato di colonia latina a quello di municipio di cittadini romani diventando dunque una sezione dello Stato romano. Per l'esercizio dei nuovi diritti politici, tra i quali il diritto di voto nelle assemblee popolari di Roma, il municipio dei beneventani fu iscritto alla tribù romana Stellatina.

L'assetto costituzionale di un municipio di cittadini romani prevedeva: un'assemblea popolare, un consiglio cittadino con funzione consultivo-deliberativa composto di solito da cento membri eletti a vita, detti decurioni, ed i quattuorviri, un collegio di quattro magistrati con funzione esecutivo-giurisdizionale. In tale collegio due membri erano giudici in materia civile e penale, detti solo quattuorviri o quattuorviri giusdicenti, col potere di convocare e presiedere il consiglio cittadino e l'assemblea popolare, mentre gli altri due membri erano magistrati con compiti di sorveglianza e cura dei mercati urbani, delle strade e degli edifici della città, detti quattuorviri edili o solo edili. I membri di questo collegio erano scelti annualmente dall'assemblea popolare. Ogni cinque anni i quattuorviri giusdicenti provvedevano poi ad aggiornare le liste di censo dei cittadini assumendo il titolo di quattuorviri quinquennali.

Un'iscrizione esposta nel lapidario ricorda un quattuorviro edile del municipio di Benevento: Lucio Avidio.

**Foto 3.** Iscrizione del quattuorviro edile Lucio Avidio – Metà del I secolo a.C.

L'iscrizione riporta in forma di dedica il nome di Lucio Avidio ed è incisa e colorata di rosso su una lastra di pietra che doveva essere parte del monumento funerario dello stesso Avidio e anche dei suoi genitori. Infatti, dopo la dedica: "A Lucio Avidio, figlio di Lucio, iscritto alla tribù Stellatina, quattuorviro edile", segue anche quella al suo omonimo padre e alla madre. Essa dice: "Al padre Lucio Avidio, figlio di Lucio, alla madre Catia, figlia di Vibio".

La fase municipale di Benevento fu breve in quanto la città venne ancora coinvolta nelle più importanti vicende della storia di Roma.

Con la battaglia di Filippi[3] (42 a.C.), Bruto e Cassio, assassini di Giulio Cesare, furono sconfitti dal generale Marco Antonio e da Ottaviano, figlio adottivo di Giulio Cesare. I vincitori procedettero poi a sistemare i propri veterani, dando loro lotti di terreno, in alcune località dell'impero; tra queste c'era Benevento col suo vasto territorio dove Lucio Munazio Planco, console romano del 42 a.C., poco dopo quell'anno, stanziò alcuni dei veterani di Marco Antonio. In epoca successiva alla battaglia navale di Azio[4] (31 a.C.) con la quale Ottaviano, sconfiggendo il suo ex-alleato Marco Antonio, rimase padrone assoluto dell'impero romano, a Benevento si ebbe un nuovo arrivo di coloni. Infatti Ottaviano, che intanto era diventato il primo imperatore romano assumendo il nome di Cesare Augusto, sistemò ancora a Benevento e nel suo territorio alcuni dei propri veterani.

Il nome della colonia romana di Benevento fu: Colonia Giulia Concordia Augusta Felice Benevento. Essa accoglieva

---

[3] Città della provincia romana della Macedonia, oggi nel nord-est della Grecia.
[4] Promontorio della Grecia, sullo Ionio, all'imbocco dell'odierno golfo di Arta.

prevalentemente veterani delle legioni sesta e trentesima dell'esercito romano e fu inserita nella regione *Apulia* e *Calabria* (territori corrispondenti all'attuale Puglia), la seconda delle regioni in cui Augusto divise l'Italia.

Benevento, colonia romana, fu retta dai duoviri, due supremi magistrati con giurisdizione civile e penale, affiancati dagli edili, magistrati con compiti di polizia e cura relativamente alle strade, agli edifici pubblici ed ai mercati, probabilmente in numero non superiore a due. C'erano poi anche i questori che, come già detto, erano magistrati minori che svolgevano compiti di gestione e custodia del denaro pubblico; erano previsti pure i pretori ceriali, cioè magistrati incaricati di giudicare le controversie relative alle vendite di grano. Vi erano poi sempre come nella fase municipale il consiglio cittadino, i cui membri erano detti decurioni, presieduto e convocato ora dai duoviri, e l'assemblea popolare che eleggeva ogni anno tutti i magistrati. Ogni cinque anni i duoviri provvedevano al censimento della popolazione ed erano detti duoviri quinquennali. L'assetto della colonia romana, dunque, non differiva molto dal punto di vista politico-amministrativo da quello del municipio, tuttavia il titolo di colonia indicava una maggiore vicinanza politica a Roma ed alla persona dell'imperatore.

Spesso i decurioni ed i magistrati della colonia romana di Benevento furono ex-militari. E' il caso di Gaio Luccio Sabino, figlio di Gaio, iscritto alla tribù Stellatina, decurione a Benevento alla metà del II secolo d.C. ricordato da un'iscrizione su un monumentale cippo funerario, un grande blocco parallelepipedo di pietra facente parte della tomba che egli fece preparare da vivo per se stesso, per sua moglie Ofillia Parata, per suo fratello Luccio Verecundo e per i suoi discendenti.[5]

---

[5] I cippi funerari erano blocchi parallelepipedi di pietra più o meno grandi in forma di pilastro ed erano collocati come segnacoli sulle urne contenenti le ceneri dei defunti, sotterrate all'interno di aree funerarie, recintate da muri, di proprietà delle varie famiglie. Cippi di dimensioni ridotte potevano anche far parte dei muri di recinzione di queste aree sepolcrali.

**Foto 4.** Cippo funerario monumentale di Gaio Luccio Sabino –
Metà del II secolo d.C.


L'iscrizione incisa e colorata di rosso, molto logora e
danneggiata in alcune parti, ricorda Gaio Luccio Sabino
riportando la sua carriera di sottufficiale svolta nella guardia

urbana di Roma prima di diventare decurione a Benevento dopo il congedo. La guardia urbana di Roma era un corpo paramilitare d'élite con funzioni di polizia nella città; era formato da sei coorti[6] di mille uomini ognuna ed era sotto il comando del prefetto di Roma, un magistrato incaricato di vigilare sull'ordine pubblico e la pubblica sicurezza e di svolgere anche i processi civili e penali a Roma.

Il beneventano Gaio Luccio Sabino prestò servizio, come ci dice la sua iscrizione, nella prima coorte urbana. Essa, al tempo dell'imperatore Adriano (117-138 d.C.) o forse già da prima, era stata distaccata nella città di Cartagine, nell'attuale Tunisia; tuttavia Sabino ebbe incarichi anche a Roma. Gaio Luccio Sabino, si legge nella sua iscrizione, fu attendente di un ufficiale, attendente al servizio di infermeria militare, attendente al servizio di sicurezza e sorveglianza carceraria, guardia del corpo di un ufficiale e assistente di un ufficiale. Ed ancora, fu incaricato dal prefetto di Roma Annio Vero della supervisione degli interrogatori che si svolgevano in fase di istruttoria dei processi che erano di competenza del prefetto di Roma; gli interrogatori nel caso degli schiavi e dei cittadini dei ceti più poveri prevedevano anche la tortura. Sabino fu inoltre

---

[6] Coorte = unità militare, raggruppamento militare all'interno dell'esercito romano.

portaordini, soldato scelto, portainsegne, sovrintendente alla cassa e alla contabilità militari, addetto alla redazione degli atti militari, primo assistente di un ufficiale e assistente del prefetto di Roma Valerio Asiatico. Sabino, si legge infine nell'iscrizione, fu congedato dal servizio dall'imperatore Adriano nel 134 d.C., anno a partire dal quale dovette tornare a Benevento per darsi alla politica locale. Nella parte finale dell'iscrizione si legge poi la data alla quale essa risale: il 22 aprile del 146 d.C. Al termine dell'iscrizione sono anche riportate le misure dell'area sepolcrale della tomba ereditaria fatta costruire da Sabino: venti piedi romani (1 piede = circa 30 cm) sul lato principale, cioè sul lato della strada su cui l'area sepolcrale si affacciava ed era allineata, ed altri venti piedi in profondità, cioè verso il terreno, il campo insomma, su cui essa era collocata

Un'iscrizione su un sarcofago di pietra,[7] databile al III secolo d.C., ricorda un altro decurione della città: Gaio Umbrio Apolausto.

---

[7] I sarcofagi erano ricettacoli a forma di cassa, all'interno dei quali venivano collocati i defunti. Erano realizzati in pietra calcarea, terracotta, marmo, ed erano chiusi da coperchi. I sarcofagi erano quindi le "casse da morto" dell'antichità ed erano posti di solito dentro la tomba di famiglia.

**Foto 5.** Sarcofago di Gaio Umbrio Apolausto – III secolo d.C.

L'iscrizione è incisa e colorata di rosso all'interno di una cornice a bordi ondulati posta al centro del lato principale del sarcofago. L'iscrizione contiene questa dedica: "A Gaio Umbrio Apolausto, decurione e questore beneventano. Gaio Umbrio Rufino, il figlio, e Tito Cominio Felicissimo, il fratello, fecero realizzare il monumento per il proprio caro defunto che aveva ben meritato".

Gaio Umbrio Apolausto doveva essere un discendente di un liberto[8] ed era di probabile origine greca. Inoltre, possiamo dire che, a giudicare dal suo nome e da quello del fratello Tito

---

[8] Liberto/a = ex-schiavo/a, cioè lo schiavo/a al quale il padrone aveva dato la libertà; i liberti erano cittadini.

Cominio Felicissimo, l'uno completamente diverso dall'altro, uno dei due fratelli o entrambi dovevano essere figli illegittimi.

Le città dell'impero romano erano aiutate nella cura dei propri interessi esterni molto spesso da funzionari dell'amministrazione imperiale frequentemente originari delle città stesse nonché membri del senato di Roma. Essi in quanto rappresentanti del potere centrale romano e in virtù del proprio personale prestigio e delle proprie amicizie politiche potevano sostenere gli interessi delle città nelle situazioni più diverse, ad esempio in un processo, facendo anche in modo che vi fossero decisioni amministrative e giuridiche favorevoli. Erano dunque dei patroni, ossia dei patrocinatori, dei protettori, ed erano designati con decisione dei decurioni cittadini.

Anche Benevento aveva i propri patrocinatori. Tra questi un'iscrizione onoraria incisa su una lastra di pietra, databile alla metà del III secolo d.C., ricorda Marco Cecilio Novatilliano. Egli era di probabile origine beneventana.

**Foto 6.** Iscrizione in onore di Marco Cecilio Novatilliano –
Metà del III secolo d.C.


L'iscrizione è una dedica: "A Marco Cecilio Novatilliano,
senatore di Roma, oratore e poeta illustre". La dedica riporta

anche tutte le cariche pubbliche che egli ricoprì. Fu ex-console onorario, cioè ebbe il rango di ex-console di Roma per concessione dell'imperatore senza essere mai stato veramente console, fu governatore della provincia romana della Mesia Superiore (territorio corrispondente all'attuale Serbia), funzionario imperiale con compiti giurisdizionali per la provincia della Spagna Citeriore (oggi Catalogna) e anche per la circoscrizione del territorio di *Apulia* e *Calabria* (oggi Puglia); fu inoltre pretore, tribuno della plebe a Roma[9] e questore della provincia d'Africa (oggi Tunisia). La dedica, come vi si legge, fu collocata in forma pubblica con decreto dei decurioni di Benevento per il fatto che Novatilliano si era frequentemente prodigato in difesa degli interessi della città sia come privato cittadino che come magistrato. L'iscrizione era forse relativa ad una base sulla quale doveva stare un ritratto, ossia un busto, o una statua di Novatilliano posti in suo onore in città come ringraziamento.

A partire dalla metà del II secolo d.C. l'imperatore collocò in ogni città d'Italia, a fianco dei locali magistrati e decurioni, uno speciale funzionario: il curatore della città, molto spesso scelto

---

[9] Tribuno della plebe = magistrato incaricato di difendere la plebe dagli abusi del potere statuale. La plebe era quella parte del popolo di Roma, formata da piccoli proprietari terrieri, mercanti, artigiani, che non godeva di tutti i diritti civili e politici.

tra i senatori di Roma. I curatori delle città avevano il compito di responsabili della gestione delle deboli finanze cittadine ed erano incaricati delle questioni di diritto fondiario delle città e anche della realizzazione di onoranze ed edifici pubblici decisi dalle città.

Un'iscrizione, incisa e colorata di rosso su un blocco parallelepipedo di pietra, reca una dedica a Flavio Claudio Giuliano nel periodo in cui fu associato al governo dell'impero col titolo di Cesare (355-360 d.C.) prima di diventare imperatore e ricorda un curatore della città di Benevento: il senatore Togio Massimo.

Flavio Claudio Giuliano diventò imperatore nel 361 d.C. e per il suo tentativo di restaurazione del paganesimo nello Stato romano ormai cristiano è passato alla storia col soprannome di "l'Apostata".

**Foto 7.** Iscrizione in onore del Cesare Flavio Claudio Giuliano
– IV secolo d.C.


Nell'iscrizione si legge: "A Flavio Claudio Giuliano,
nobilissimo e felicissimo Cesare. Questa dedica è stata posta

sotto la cura di Togio Massimo, senatore, curatore della città di Benevento". Dunque, la dedica fu posta a cura di Togio Massimo ma certamente su decisione dei decurioni beneventani ed era forse relativa ad una statua di Giuliano.

La colonia romana di Benevento visse il suo periodo più prospero nel II secolo d.C. soprattutto nell'età degli imperatori Traiano (98-117 d.C.) e Adriano (117-138 d.C.) quando molto intensa fu l'attività edilizia pubblica con la costruzione dell'arco di Traiano, delle terme, del teatro e dell'anfiteatro e quando diversi membri dell'aristocrazia della città si distinsero come alti funzionari dell'amministrazione imperiale.

In seguito alla riforma amministrativa operata in Italia, nel 290-291 d.C., dall'imperatore Diocleziano con la creazione di province, gran parte del Sannio fece parte della provincia della Campania alla quale anche la città di Benevento fu associata dal 333 d.C. fino a quando dopo il 346 d.C. fu costituita un'autonoma provincia del Sannio.

## 2.    Opere pubbliche e munificenza privata

Nelle città antiche la spesa pubblica per assicurare i servizi alla comunità era sostenuta, data la debolezza delle finanze cittadine, dai ricchi privati, molto spesso sotto forma di donazione alla città; così i ricchi privati frequentemente compivano atti di munificenza. Tali atti consentivano loro di ostentare il proprio elevato rango nella società e allo stesso tempo di accrescere il proprio prestigio presso i concittadini.

Spesso la munificenza era legata alle cariche pubbliche elettive. Chi si candidava sapeva che una volta eletto avrebbe dovuto fare una donazione alla città, ad esempio realizzando a proprie spese un' opera pubblica. Questa talora poteva sostituire la somma di denaro che in caso di successo elettorale doveva essere versata nelle casse cittadine. I ricchi privati, dunque, potevano costruire o restaurare per la propria città un edificio pubblico a carattere civile o religioso, come un teatro, un portico, un anfiteatro, un edificio termale, un tempio. Essi in occasioni particolari potevano offrire ai propri concittadini spettacoli, come combattimenti di gladiatori, o grandi banchetti pubblici o, ancora, potevano organizzare distribuzioni di somme di denaro. Quanto più grande e importante era la donazione fatta, tanto più venivano accresciuti la considerazione ed il prestigio del benefattore. Chi compiva atti di munificenza ne lasciava memoria attraverso iscrizioni che indicavano il proprio nome e ciò che era stato donato. Esse nel caso delle opere pubbliche erano parte delle opere stesse o erano poste in prossimità.

Alcune iscrizioni esposte nel lapidario del Museo del Sannio attestano atti di munificenza privata per Benevento romana e il suo territorio da parte di alcuni uomini che, originari della città o forestieri ma comunque legati ad essa o al suo territorio per vari motivi come la proprietà di vasti terreni locali, ebbero una notevole posizione sociale per ricchezza.

Agli anni successivi al 27 a.C. risale un'iscrizione molto danneggiata, incisa e colorata di rosso su una grande lastra di pietra, che ci informa della donazione alla città di Benevento di un cesarèo, cioè un tempio per il culto di Cesare Augusto, il primo imperatore romano. Tale iscrizione riferisce infatti: "Publio Vedio Pollione, figlio di Publio, dedicò un cesarèo all'imperatore Cesare Augusto e lo donò alla colonia beneventana". Pollione era un ricco cavaliere di Benevento; l'iscrizione doveva essere parte del monumento che egli, dunque, aveva fatto costruire a proprie spese.

**Foto 8.** Iscrizione del cesarèo della colonia romana di Benevento fatto erigere da Publio Vedio Pollione – Fine del I secolo a.C.

Publio Vedio Pollione fu amico di Cesare Augusto e con la costruzione in città di un cesarèo intese tributare onori divini ad Augusto ancor vivente in segno di grande ammirazione (o, potremmo dire, di adulazione!).

Pollione era figlio di un liberto e riuscì a raggiungere il censo equestre, cioè ebbe un patrimonio che superava i quattrocentomila sesterzi,[10] pertanto faceva parte della categoria sociale dei cavalieri, la seconda in ordine

---

[10] Sesterzio = tipo di moneta imperiale romana in oricalco, una lega simile all'ottone. Originariamente era d'argento.

d'importanza tra quelle in cui la società romana era divisa.[11] Nel beneventano Pollione doveva avere diverse proprietà mentre altre erano nel napoletano, tra cui la grande villa di Pausilypon (Posillipo). Publio Vedio Pollione era noto a Roma oltre che per la sua immensa ricchezza anche per la sua crudeltà. Si narrava infatti che avesse l'abitudine di punire i suoi schiavi per futili motivi con la morte dandoli in pasto a pesci divoratori di carne umana allevati da lui in apposite vasche. Morì nel 15 a.C. lasciando la sua eredità a Cesare Augusto.

---

[11] La società romana era divisa in tre fondamentali categorie sociali, o più precisamente ordini. Vi erano i senatori di Roma e le loro famiglie, che costituivano l'ordine più importante, poi i cavalieri, poi i decurioni delle città dell'impero, ossia i membri dei consigli cittadini. Tale suddivisione era basata sulla ricchezza e sulla nascita (libera) più o meno elevata. Per appartenere all'ordine dei senatori, oltre che la discendenza da un'antica famiglia senatoria, occorreva un censo di almeno un milione di sesterzi, mentre per l'appartenenza all'ordine dei cavalieri bisognava possedere almeno quattrocentomila sesterzi ed infine per appartenere all'ordine dei decurioni occorreva un censo di almeno centomila sesterzi. Al di sotto degli appartenenti a tali categorie sociali c'erano i cittadini di nascita libera ma molto meno ricchi: militari, mercanti, artigiani, contadini. In particolare i cavalieri, almeno in parte, svolgevano funzioni molto importanti nell'esercito e nell'amministrazione dell'impero. Essi si distinguevano dagli appartenenti agli altri ordini sociali anche per il modo di vestire; indossavano infatti una toga bianca sulla quale era una stretta fascia verticale di colore rosso e portavano al dito un grosso anello d'oro. Il termine cavalieri deriva dal fatto che nelle epoche più antiche di Roma questi ricchi cittadini formavano la cavalleria dell'esercito.

Alla prima metà del I secolo d.C. è databile il frammento di un architrave recante il nome di due fratelli, i Titi Ligarii. Esso era probabilmente parte di un edificio pubblico di Benevento fatto costruire o restaurare a proprie spese dai due fratelli, sicuramente molto ricchi. Sotto il nome dei due fratelli si vede una lettera S. L'iscrizione forse diceva: "I Titi Ligarii (a proprie spese posero il monumento)".

**Foto 9.** Frammento di architrave recante il nome di due fratelli, i Titi Ligarii – Prima metà del I secolo d.C.

Al II secolo d.C., forse all'epoca dell'imperatore Adriano (117-138 d.C.), appartiene l'iscrizione di Marco Nasellio Sabino e di suo padre Nasellio Vitale. Marco Nasellio Sabino fu comandante della prima coorte di soldati dalmati, ausiliari dell'esercito romano, di stanza in Britannia (oggi Inghilterra), mentre suo padre, come dice l'iscrizione, aveva ricoperto per due volte la carica di augustale quinquennale. Nasellio Vitale fu cioè membro degli augustali, ossia di quel collegio sacerdotale che nelle città celebrava il culto dell'imperatore Augusto divinizzato dopo la morte, ricoprendo una carica importante. L'augustale quinquennale era infatti colui che era alla testa di tale collegio, insieme ad uno o più colleghi. L'iscrizione è recata da un piccolo blocco triangolare di pietra e commemora la costruzione di alcuni edifici da parte dei due ed una loro donazione di denaro.

**Foto 10.** Iscrizione di Marco Nasellio Sabino e di suo padre Nasellio Vitale – II secolo d.C.

L'iscrizione, incisa, purtroppo molto logora, ricorda che i due Nasellii fecero costruire in un borgo detto Lucullano, sito nel territorio beneventano, a proprie spese e dalle fondamenta, un portico con una sala per preparativi di cerimonie religiose, una sorta di sagrestia, ed inoltre una cappella per il culto dei Lari compitali. I Lari compitali erano le divinità protettrici dei crocicchi, ossia dei punti di incontro di due o più strade,[12] ed

---

[12] I crocicchi erano molto frequentati dagli abitanti delle contrade vicine; vi si svolgevano vendite pubbliche e spettacoli durante le feste popolari

era, quindi, proprio presso un crocicchio locale che doveva stare la cappella, e forse anche il portico con la sala. L'iscrizione ricorda altresì che i due Nasellii stabilirono che in perpetuo fossero dati centoventicinque denarii[13] annui agli abitanti del borgo Lucullano durante un banchetto pubblico che essi, se volevano ricevere il denaro, dovevano tenere l'otto giugno, giorno del compleanno di Nasellio Sabino, nel complesso edificato (il portico con la sala). Precisamente, come si apprende dall'iscrizione, la somma sarebbe stata pagata ogni anno a condizione che ogni anno il cinque giugno gli abitanti del borgo avessero svolto la cerimonia di purificazione del borgo[14] con il consueto sacro banchetto successivo e che effettivamente l'otto giugno avessero festeggiato il compleanno di Nasellio Sabino col pranzo pubblico che i Nasellii, in sostanza, avevano ordinato di fare. Dunque, il pagamento avveniva subordinatamente allo svolgimento di tali cerimonie

---

e qui gli abitanti delle contrade si recavano a fine anno per offrire sacrifici ai Lari compitali presso le loro rustiche cappelle, i loro sacelli, i loro altari. I crocicchi erano in sostanza luoghi di incontro nella vita sociale; essi erano anche luoghi di passaggio e di sosta per i viandanti.

[13] Denario = tipo di moneta romana d'argento.

[14] La cerimonia di purificazione di un borgo consisteva nel condurre intorno al borgo degli animali sacrificali, ad esempio dei maiali, che poi venivano immolati e le carni venivano fatte consumare dal fuoco su un altare. La cerimonia di purificazione era presieduta e guidata dai magistrati del borgo.

che, essendo poste a distanza di qualche giorno l'una dall'altra, costituivano un vero e proprio periodo di festa per il borgo. Se la condizione suddetta non fosse stata rispettata era disposto, si legge nell'iscrizione, che gli edifici e la somma annua stanziata sarebbero passati per sempre al locale collegio dei medici ed ai liberti dei Nasellii affinché essi, al posto degli abitanti del borgo, facessero il banchetto nel giorno del compleanno di Nasellio Sabino nel complesso edificato.

L'iscrizione doveva far parte di uno degli edifici donati dai due Nasellii o doveva stare comunque in prossimità di essi. Molto probabilmente i due personaggi non erano di origine beneventana ma dovevano avere dei forti interessi nel territorio beneventano; forse erano proprietari di grandi terreni proprio intorno al borgo Lucullano.

## 3.   I culti di alcune divinità

Tra i culti di divinità diffusi in epoca romana a Benevento e in tutto il suo territorio alcune iscrizioni esposte nel lapidario del Museo del Sannio testimoniano quelli della dea Vesta, del dio Silvano e del dio Giove.

Vesta era tra le più grandi divinità dei Latini e dei Romani, la dea protettrice del focolare della casa di ogni famiglia e del fuoco che su di esso ardeva. Era proprio intorno al focolare che nell'antica casa romana ogni giorno i membri della famiglia si riunivano per consumare il pasto comune rinsaldando così ogni volta i legami di unione; tale momento era come un atto di adorazione a Vesta. Oltre al culto privato della dea, presso il focolare di ogni casa, c'era anche il culto pubblico. Nelle città dell'Italia romana la dea era venerata pubblicamente nel tempio ad essa consacrato dove era rappresentata non da una statua ma dal sacro fuoco che ardeva in perpetuo sull'altare del tempio, considerato il focolare comune. Vesta era allora la dea protettrice del focolare delle famiglie e quindi di tutta la comunità cittadina, un'unica grande famiglia; era la dea protettrice della continuità della vita della comunità stessa e delle sue istituzioni.

E' al periodo della fondazione della colonia latina di Benevento (268 a.C.) che risale molto probabilmente l'introduzione del culto di Vesta nella città dato, infatti, il carattere che la dea aveva di protettrice e guida delle comunità, carattere che dovette essere particolarmente rilevante quando i coloni latini vennero ad insediarsi nell'ostile territorio sannita.

L'esistenza a Benevento del culto di Vesta è attestata da un'iscrizione sacra, databile alla prima metà del I secolo a.C., incisa e colorata di rosso su una pietra cilindrica. Questa pietra è un *thesaurus*, cioè un contenitore, una "cassetta", per le elemosine; esso fu dedicato e donato alla dea da un certo Marco Ursio.

**Foto 11.** *Thesaurus* (contenitore per le elemosine) dedicato alla dea Vesta da Marco Ursio – Prima metà del I secolo a.C.


Nell'iscrizione si legge: "A Vesta; Marco Ursio, figlio di Marco, donò un *thesaurus* con animo grato". Evidentemente egli donò l'oggetto per un beneficio che aveva ricevuto dalla dea.

Nella parte superiore della pietra cilindrica c'è un cavo circolare profondo ventotto centimetri e all'interno di esso c'è un cavo quadrato; vi è poi un foro che esce dalla parte opposta alla convessità che reca l'iscrizione. Questa pietra cilindrica, che nel cavo circolare doveva portare un coperchio di pietra o di metallo, era destinata ad essere infissa nel terreno. Le monete venivano inserite nella fessura che si apriva sul coperchio, scivolavano su un piano inclinato, uscivano dal foro retrostante e andavano a raccogliersi in un recipiente messo all'esterno. Dunque, questa pietra cilindrica serviva alla raccolta delle elemosine dei devoti facendo così da cassetta delle offerte all'interno di un santuario o di un tempio, forse proprio quello della dea Vesta. Questo monumento fu rinvenuto nel 1904 nei pressi della chiesa di S. Agostino a Benevento.

Silvano era una divinità rurale latina e italica, il dio protettore dei campi e dei loro confini, dei boschi, del bestiame e delle greggi ed era venerato prevalentemente dai contadini e dai pastori. Silvano era venerato sotto tre aspetti: Silvano domestico, protettore della casa, Silvano agreste, protettore delle greggi e perciò venerato soprattutto dai pastori, e Silvano orientale, protettore del punto in cui ogni proprietà fondiaria iniziava. A Silvano erano gradite offerte di vino, di latte, di grano, di carne, e sacrifici di maiali. Il dio era adorato soprattutto in luoghi all'aperto.

Nel Sannio beneventano il dio Silvano assumeva molti soprannomi locali, ad esempio Staiano, Publicense, Ceserianense, Lusiano, Casanico, ed ancora, come vedremo tra breve, Curziano e Corneliano. Questi soprannomi, in gran parte, erano derivati con ogni probabilità dal nome dei fondi che il dio proteggeva, in sostanza sembrano essere dei veri e propri toponimi; essi lasciano così intravedere un fortissimo legame del dio Silvano con la locale proprietà terriera. Silvano aveva, del resto, un culto particolarmente diffuso testimoniato dalle molte are a lui dedicate rinvenute soprattutto nei comuni della provincia di Benevento.

Nell'antichità le are, vale a dire altari sui quali si compivano sacrifici per le divinità versando in modo rituale latte o vino – tali sacrifici erano detti libagioni – o bruciando alcune parti di animali immolati o incenso, erano spesso donate, come anche altri oggetti, per sciogliere un voto in segno di gratitudine al dio dal quale era stato ottenuto un beneficio richiesto. Ed ancora, le are erano anche donate per propiziarsi una divinità genericamente o per un motivo specifico, oppure erano un dono incondizionato. Così si dedicava un'ara, frequentemente anche priva di funzione reale. Le are spesso erano decorate ai lati con la raffigurazione a rilievo di alcuni oggetti usati nei sacrifici. I più frequenti sono una coppa senza piede e senza anse con i bordi bassi (*patera*), insomma una sorta di piatto, raffigurata in vista dall'alto sul lato destro dell'ara, ed una brocca (*urceus*), raffigurata di profilo sul lato sinistro; sono simboli propri delle libagioni. La brocca conteneva il liquido, di solito vino, che poi in porzioni veniva versato nella coppa e da qui sull'altare. Tali oggetti erano normalmente realizzati in terracotta.

E' databile al IV secolo d.C. la piccola ara dedicata a Silvano Curziano, cioè protettore di un fondo detto Curziano, da parte di Lucio Staio Erodoto. Costui apparteneva ad una nota famiglia beneventana di discendenti di liberti di origine greca ed era probabilmente il proprietario del fondo. L'ara fu offerta per sciogliere un voto ringraziando così la divinità per il beneficio ottenuto.

**Foto 12.** Ara dedicata al dio Silvano Curziano da Lucio Staio
Erodoto – IV secolo d.C.


L'iscrizione, incisa sul lato anteriore dell'ara, purtroppo è
davvero molto logora. Essa dice: "A Silvano Curziano; Lucio
Staio Erodoto, detto Nicezio (vincitore), volentieri sciolse il
voto fatto". Quest'ara votiva fu rinvenuta nel 1941 in località
Monterocchetta nel comune di S. Nicola Manfredi.

Importante testimonianza del culto di Silvano è anche un'altra ara; essa è databile al III secolo d.C. Fu dedicata da Pamfilio Rufino, probabilmente un liberto di origine greca, a Silvano Corneliano, cioè protettore di un fondo che doveva essere detto Corneliano.

**Foto 13.** Ara offerta al dio Silvano Corneliano da Pamfilio Rufino – III secolo d.C.

L'iscrizione, incisa, molto logora, è collocata in una cornice rettangolare, anch'essa incisa, sulla faccia anteriore della pietra. Nell'iscrizione si legge: "(Altare) consacrato a Silvano Corneliano, con il permesso di Gaio Lucio Neo Rufino. Pamfilio Rufino. Salvezza". L'iscrizione dice anzitutto che l'ara fu consacrata a Silvano Corneliano e che vi fu il consenso di un certo Gaio Lucio Neo Rufino. Segue il nome dell'offerente, Pamfilio Rufino, liberto, sembrerebbe dal nome, della casa dello stesso Gaio Lucio Neo Rufino. Ovviamente non è possibile sapere in quale circostanza fu consacrata l'ara, chi erano i personaggi ricordati dall'iscrizione e quali rapporti intercorrevano tra loro. Tuttavia vogliamo avanzare qualche ipotesi, beninteso, fondata solo sulla plausibilità. Pamfilio Rufino può essere stato l'affittuario o il mezzadro o il fattore del fondo Corneliano, al quale abbiamo accennato prima, forse di proprietà di Gaio Lucio Neo Rufino; quest'ultimo poteva aver autorizzato la realizzazione del monumento o poteva averne favorito in qualche modo la collocazione in un'area sacra rurale, anche interna o prossima al proprio fondo. Al termine dell'iscrizione è riportato il motivo della dedica: la salvezza, forse dello stesso Pamfilio Rufino che, si può pensare, doveva essere in un momento di pericolo o di difficoltà, o addirittura dello Stato romano, anch'esso forse in pericolo o difficoltà. Infatti, sulla faccia destra dell'ara è riportata un'altra iscrizione, di difficile comprensione, che è evidentemente un'integrazione di quella principale, un'ulteriore motivazione dell'offerta sacra insomma, nella quale si legge: "Per un maggiore onore del popolo romano ed un maggiore bene dello Stato". Nella parte superiore dell'ara c'è una cavità rettangolare non molto profonda dove si accendeva il fuoco e si raccoglievano le sacre ceneri dei sacrifici. Quest'ara, che sembra essere stata sommariamente ricavata da un grosso masso di campagna, fu rinvenuta a Benevento nel settembre 1893 nei pressi del teatro Vittorio Emanuele durante i lavori di demolizione di una casa.

La suprema divinità del mondo romano era Giove, il signore del cielo e della luce, il dio che decideva il destino di tutti gli uomini ed il corso di tutti gli eventi umani rivelando ciò con segni visibili nel cielo e con il volo degli uccelli. Proprio perché era il signore del cielo a lui gli antichi riconducevano tutti i fenomeni atmosferici: la pioggia, il rischiararsi del cielo, il tuono, il fulmine, le tempeste; per questo motivo aveva epiteti come Piovoso, Tonante, Fulminatore, Rasserenatore.

Il culto di Giove è testimoniato nel Sannio dal ritrovamento, soprattutto nei comuni della provincia di Benevento, di iscrizioni sacre su are a lui dedicate da privati. Tra queste c'è una piccola ara danneggiata, rinvenuta a Benevento, databile al I secolo d.C. Essa reca un'iscrizione incisa e colorata di rosso in cui si legge questa breve dedica: "A Giove protettore del mare". L'ara è decorata con la raffigurazione a rilievo degli oggetti usati nelle libagioni: la coppa sul lato destro e la brocca su quello sinistro. E' difficile dire in quale circostanza fu offerta quest'ara. Si potrebbe anche pensare, in modo un po' suggestivo, che essa fu dedicata a scopo propiziatorio proprio da qualcuno che doveva intraprendere un viaggio per mare e voleva scongiurare il naufragio, cosa che all'epoca era molto frequente, affidandosi alla suprema divinità che tutto poteva.

**Foto 14.** Ara dedicata al dio Giove protettore del mare – I secolo d.C.

## 4.   Il ricordo dei defunti

Le iscrizioni romane esposte nel lapidario del Museo del Sannio sono quasi tutte pertinenti a tombe. Molto spesso sono incise e colorate di rosso per far risaltare il testo contro la pietra. Sono testimonianze indispensabili per conoscere il tessuto sociale della città di Benevento in età romana. Ricordano molti liberti, cittadini di nascita libera, magistrati e politici della città, notabili, personaggi di alto rango, molto spesso originari della città, con le loro importanti carriere nell'amministrazione dell'impero romano, ed ex-militari.

Il ricordo dei defunti e delle loro famiglie passava attraverso le iscrizioni collocate sui monumenti funerari. Le necropoli, nel mondo romano, erano situate lungo le strade subito fuori dalle città e così il forestiero che giungeva in una città per la prima volta, accompagnato dalla inevitabile lettura delle lapidi, si faceva un'idea della realtà sociale del luogo riconoscendo il sepolcro del ricco e del povero, del politico e del militare, dell'artigiano e del mercante.

Caratteristica delle iscrizioni, non solo funerarie, è l'abbreviazione delle parole al fine di contenere il messaggio entro uno spazio ristretto; si abbreviavano nomi, titoli, età, formule e tutte le parole che era opportuno ridurre. E' così che ci è giunto il ricordo degli abitanti di Benevento romana e del suo territorio.

Le iscrizioni sepolcrali potevano ricordare il defunto o i defunti col solo nome espresso spesso in forma di dedica o autodedica, come abbiamo già visto in alcune iscrizioni trattate nelle pagine precedenti. Il nome indicava la condizione di cittadino romano nato libero o di origine servile, cioè i liberti, o la condizione di schiavo.

Col solo nome è ricordato da un'iscrizione, databile alla metà del I secolo a.C., incisa e colorata di rosso su una grande lastra di pietra, un uomo di origine greca: Lucio Tiburzio Lisimaco. La lastra era parte del suo monumento funerario.

**Foto 15.** Iscrizione di Lucio Tiburzio Lisimaco – Metà del I secolo a.C.


L'iscrizione dice semplicemente: "Lucio Tiburzio Lisimaco, liberto di Lucio"; quel tale Lucio dunque era stato un tempo il padrone di Lisimaco. Si nota, osservando la fotografia di questa iscrizione, che il nome *Lysimacus* per omissione del lapicida, ossia dello scalpellino che incideva le iscrizioni, non contiene la lettera h del più colto *Lysimachus*; in effetti nel latino popolare la h tendeva a non essere pronunciata e d'altra parte i lapicidi, uomini di non elevata istruzione, tendevano a scrivere come pronunciavano commettendo errori ortografici e grammaticali.

Molte iscrizioni riportano all'inizio la nota formula di dedica agli Dei Mani, le anime dei morti intesi come collettività divina abitante nel sottosuolo, abbreviata in DM (*Dis Manibus*: agli Dei Mani). Tale formula indicava che la tomba apparteneva agli Dei Mani, cioè era consacrata ad essi.

Nelle iscrizioni sono spesso contenute molte diverse informazioni. Tra queste è frequentissima l'indicazione delle persone che fecero preparare il monumento funerario con relativa iscrizione, ad esempio: i mariti per le mogli o viceversa, i genitori per i figli o viceversa, persone che durante la vita pensavano alla propria sepoltura e anche a quella dei propri discendenti e liberti.

Così l'iscrizione incisa e colorata di rosso del cippo funerario[15] di Marco Munnio Ianuario, risalente al II secolo d.C., ci informa che esso fu posto dai genitori del defunto, probabilmente un bambino o un giovane. Nella parte superiore

---

[15] Pilastrino usato come segnacolo. Sui cippi funerari si veda anche la nota n. 5.

del cippo c'è un piccolo incavo quadrangolare poco profondo
che doveva servire a sostenere qualche elemento decorativo di
ridotte dimensioni.

**Foto 16.** Cippo funerario di Marco Munnio Ianuario – II secolo
d.C.

Ecco il messaggio dell'iscrizione: "Agli Dei Mani. A Marco Munnio Ianuario. Numerio Fufio Modesto e Munnia Ianuaria fecero erigere il monumento per il devotissimo figlio; e per il figlio Numerio Fufio Modesto". L'iscrizione riferisce che i genitori Numerio Fufio Modesto e Munnia Ianuaria, due liberti, fecero costruire il monumento funerario, ossia il cippo, per un loro figlio, cioè Marco Munnio Ianuario; poi viene riferito che il monumento fu posto anche per un altro figlio della coppia: Numerio Fufio Modesto. Il nome di quest'ultimo, ci sembra, dovette essere aggiunto in un secondo momento. Infatti nell'iscrizione c'è una prima frase di senso compiuto sul figlio Marco Munnio Ianuario e a questa si collega in posizione secondaria, con una congiunzione, una e, il riferimento all'altro figlio della coppia: Numerio Fufio Modesto. La sua presenza non dovette essere prevista dall'inizio, forse perché ancora in vita, altrimenti sarebbe stato ricordato subito col fratello ad inizio iscrizione come era usanza quando si voleva accomunare due persone della stessa famiglia nella stessa sepoltura. L'iscrizione, quindi, dovette essere redatta in due momenti diversi.

In base ai nomi dei due fratelli e a quelli dei genitori si può dire che Marco Munnio Ianuario doveva essere un figlio naturale, ossia illegittimo. Egli prese infatti il nome dalla madre e non dal padre, Numerio Fufio Modesto, come invece era usanza nel mondo romano per i figli legittimi; legalmente i figli naturali non potevano avere padre certo e quindi, generalmente, traevano il nome da quello della madre. Dunque si può ipotizzare, ad esempio, che Munnia Ianuaria fosse la concubina[16] e non la moglie di Numerio Fufio Modesto e che Marco Munnio Ianuario nacque dalla loro unione non legale; o si potrebbe anche ipotizzare che l'unione fu legittimata quando Marco Munnio Ianuario già era nato come figlio illegittimo. L'altro figlio invece, Numerio Fufio Modesto, che si chiamava come il padre, poteva essere figlio legittimo della coppia, o forse era figlio solo di Numerio Fufio Modesto nel caso di una sua precedente unione legale, poi terminata, con un'altra donna.

Analogamente all'iscrizione di Marco Munnio Ianuario l'iscrizione di Paccia Diodora, incisa su una piccola lastra di pietra, databile alla metà del I secolo a.C., ricorda con semplicità da chi fu fatto costruire il monumento funerario e per chi.

---

[16] Concubina = donna che aveva una relazione stabile con un uomo col quale per vari motivi, sociali e legali, non era sposata.

**Foto 17.** Iscrizione di Paccia Diodora – Metà del I secolo a.C.


Nell'iscrizione si legge: "Paccia Diodora, liberta di una donna, fece erigere il monumento per se stessa e per Aulo Marcio Difilo, liberto di Aulo". Quindi, Paccia Diodora fece costruire il sepolcro, con la relativa iscrizione, per se stessa e per un uomo che doveva essere suo marito, Aulo Marcio Difilo; i due dovevano essere di origine greca. Nell'iscrizione, osservando la fotografia, si nota che la lettera I e la lettera O di *Marcio* sono più piccole delle altre per inserirle sullo stesso rigo, su cui era rimasto poco spazio, e non tagliare così la parola.

Un'altra iscrizione, incisa e colorata di rosso su una piccola lastra di pietra, ricorda che i liberti Tito Mario Cresto e Sestilia Cresta, presumibilmente coniugi e di origine greca, pensarono in vita alla costruzione del proprio sepolcro. L'iscrizione apparteneva ad esso ed è databile al I secolo d.C.

**Foto 18.** Iscrizione di Tito Mario Cresto e Sestilia Cresta – I secolo d.C.

L'iscrizione contiene questo messaggio: "A Tito Mario Cresto, liberto di Tito, a Sestilia Cresta, liberta di Sesto, ai liberti, alle liberte; essi da vivi fecero erigere il monumento". L'iscrizione, in sostanza, riferisce che la tomba fu fatta preparare dai due coniugi durante la vita non solo per se stessi ma anche per la sepoltura dei propri liberti e liberte. Si notano in questa iscrizione alcune lettere T e anche alcune lettere I che hanno forma allungata rispetto alle altre lettere. Ciò in parte è dovuto soprattutto a una moda, in parte, nel caso delle lettere T, anche all'esigenza di risparmiare spazio e inserire più lettere sullo stesso rigo.

Nelle iscrizioni relative a ricettacoli (sarcofagi, urne) e tombe soprattutto di persone morte giovani o di bambini è ricorrente l'indicazione dell'età, espressa in anni, mesi e giorni.

L'età del defunto è indicata dall'iscrizione del sarcofago[17] di Marco Giunio Erullio Bittiano, databile al III secolo d.C., dedicato dalla madre. Il sarcofago è di marmo ed è decorato con la raffigurazione a rilievo di una corona funebre, amorini, ghirlande e due volti maschili. L'iscrizione, incisa e colorata di rosso, è posta nella corona al centro di uno dei lati lunghi del sarcofago e sotto di essa.

---

[17] Il sarcofago era la "cassa da morto " dell'antichità, si veda anche la nota n. 7.

**Foto 19.** Sarcofago di Marco Giunio Erullio Bittiano – III
secolo d.C.

**Foto 20.** Particolare dell'iscrizione del sarcofago di Marco Giunio Erullio Bittiano.

Come abbiamo anticipato, il sarcofago è decorato a rilievo. Al centro del lato principale, mostrato nella fotografia, c'è una corona funebre su una base, con iscrizione all'interno e al di sotto della corona. A destra e a sinistra di essa vi sono due coppie di amorini, ossia bambini nudi alati. Ogni coppia regge una ghirlanda e gli amorini che in ogni coppia sono raffigurati nella parte centrale del lato lungo del sarcofago sorreggono anche la corona funebre mentre quelli raffigurati più all'esterno mantengono probabilmente ciascuno una fiaccola. Sopra ogni ghirlanda sono raffigurati due volti che sembrano ritrarre le fattezze di un giovane uomo, un adolescente, con i capelli raccolti all'indietro a formare una coroncina, ma senza alcuna vera caratterizzazione fisiognomica. Il volto a sinistra della corona ha un'espressione vivace e sorridente quello a destra invece un'espressione seria, mesta. I due volti hanno al di sopra dei capelli delle sporgenze a forma di alette.

Tutta questa raffigurazione ha una precisa valenza simbolica legata al mondo dei morti e alla morte. La corona centrale e le ghirlande richiamano infatti quelle corone e quelle ghirlande, fatte di fiori o foglie, che i parenti dei defunti lasciavano sulle tombe dei propri cari estinti durante le commemorazioni private dei defunti e durante la festa dei morti, che presso i romani cadeva nel mese di febbraio. Gli amorini invece rappresentano il genio del defunto, ossia lo spirito che guidava il destino di ogni uomo dalla nascita alla morte. Più problematica è invece l'interpretazione dei due volti, perché non vi è una vera e propria resa realistica e individuale dei tratti somatici ed inoltre vi sono le due sporgenze, sopra i capelli, che hanno la forma di piccole ali. Insomma, non sembra proprio trattarsi di quei ritratti del defunto che si osservano spesso sui sarcofagi e monumenti funerari romani e che hanno una vera resa fisiognomica. Le due "maschere" potrebbero essere invece due geni, cioè ancora una raffigurazione degli spiriti del destino umano, riconducibili ad una generica rappresentazione dell'idea della vita dopo la morte, nel volto a sinistra della corona, quello sorridente, e della morte, nel volto serio e mesto sulla destra. Le ali sulla testa delle due "maschere" potrebbero anche far pensare a delle Gorgoni; [18] ma l'assenza dei tipici capelli lunghi che si espandono ai lati e dei tratti femminili dei volti lascerebbe scartare l'ipotesi.

Un'altra particolarità del sarcofago di Bittiano deve essere senz'altro notata prima di vedere cosa dice la sua iscrizione. Sul lato principale del sarcofago, al livello del fondo, si osserva infatti sulla sinistra un foro; un altro foro è poi sul lato corto destro del sarcofago. Ebbene, i fori al livello del fondo sono frequenti nei sarcofagi romani e indicano un loro riutilizzo avvenuto nelle epoche successive alla fine del mondo romano quando furono spesso adibiti a vasche di fontane, pubbliche o private, o, peggio, ad abbeveratoi per animali da soma; di qui la

---

[18] Gorgone = figura mitologica presente sulle tombe romane per tenere lontano gli spiriti maligni. Era raffigurata come volto di donna con o senza ali sulla testa, con i capelli lunghi che si espandono ai lati, serpenti sotto il mento, espressione terrificante o triste o, ancora, neutra.

necessità di praticare dei fori che, chiusi in qualche maniera, servivano per lo scarico periodico dell'acqua. Anche il sarcofago di Bittiano deve, dunque, essere stato riutilizzato in uno dei suddetti modi.

Per quanto riguarda l'iscrizione, dopo la dedica agli Dei Mani e al defunto viene indicata l'età di quest'ultimo. Infatti in essa si legge: "Agli Dei Mani. A Marco Giunio Erullio Bittiano, figlio di Marco, decurione beneventano. Ha vissuto 13 anni e 9 mesi". Sotto la corona funebre si legge poi: "Erullia Primula, madre infelicissima"; la madre del giovanissimo Bittiano dunque fece preparare e dedicò il sarcofago. In via eccezionale Bittiano dovette essere iscritto all'ordine dei decurioni della città, ossia dei membri del consiglio cittadino, probabilmente come onorificenza, per una forma di riconoscenza dei decurioni verso la famiglia che in città doveva essere ricca influente e nota per le sue benemerenze verso la comunità.

Spesso, oltre l'età, le iscrizioni comunicano anche altre notizie biografiche dei defunti; ad esempio per gli uomini può essere indicata la professione. Interessante a tal riguardo è il cippo funerario, con iscrizione su due lati incisa e colorata di rosso, che ricorda Sesto Ellenio Rufino, professore di arte libraria a Benevento, e sua moglie Arria Hesperis. Il cippo è databile al II secolo d.C.

**Foto 21.** Uno dei lati iscritti del cippo funerario di Sesto Ellenio Rufino – II secolo d.C.

L'iscrizione del lato mostrato nella foto riferisce: "Sesto Ellenio Rufino, professore di arte libraria onorato con l'assegnazione di stipendi pubblici, ed Arria Hesperis, la moglie, da vivi fecero erigere il monumento funerario per se stessi e per i propri discendenti".

Probabilmente Sesto Ellenio Rufino, che come ci dice la sua iscrizione fu professore di arte libraria, ebbe a Benevento una scuola per formare dei copisti specializzati nella redazione e preparazione di libri secondo regole tecniche oggetto di insegnamento, cioè secondo un'arte libraria, ed ebbe l'onore, dice ancora la sua iscrizione, di ricevere dalla città "stipendi pubblici", cioè delle retribuzioni non regolari, dei contributi, potremmo dire assegni, di tanto in tanto. Non è da escludere, poi, che egli avesse anche una propria officina scrittoria dove con i propri aiutanti preparava libri da mettere in commercio. Insomma, Sesto Ellenio Rufino potrebbe anche essere stato un importante editore-libraio di Benevento; certamente fu uno specialista nell'arte editoriale e del confezionamento di libri e maestro di tale arte probabilmente in una propria scuola e la sua attività dovette essere tanto apprezzata dalla città che fu deciso di premiarlo con contributi pubblici.

Il cippo faceva parte della tomba ereditaria che Rufino e la moglie Arria Hesperis durante la vita avevano fatto preparare per se stessi e per i propri discendenti, come si legge nell'iscrizione sul lato del cippo mostrato nella fotografia. L'iscrizione sul lato opposto a quello della foto riferisce analogamente a quest'ultimo che Sesto Ellenio Rufino, di provato valore nell'arte libraria nella propria epoca, fatto oggetto di onore con l'assegnazione di "stipendi pubblici", ed Arria Hesperis, la moglie, durante la vita avevano fatto erigere il monumento funerario per se stessi e per i propri discendenti.

Sui lati del cippo non recanti iscrizioni si vedono dei simboli di sacrificio raffigurati a rilievo: una coppa poco profonda (*patera*), rappresentata in vista dall'alto, ed una brocca (*urceus*), mostrata di profilo. Questi simboli sono visibili ai lati di molti altri monumenti esposti nel lapidario.[19] Si tratta di oggetti che erano usati di consueto nel culto dei morti e nel culto delle divinità ed erano normalmente realizzati in terracotta. Nel culto dei morti servivano per offrire libagioni di vino al defunto, ed agli Dei Mani, da parte dei parenti durante cerimonie sacrificali in occasioni particolari versando il liquido su un altare funerario o sulla sepoltura dove spesso erano fori e condotti che consentivano al defunto di ricevere l'offerta. La brocca conteneva il vino, la coppa riceveva dalla brocca la quantità di vino da versare.[20]

---

[19] Ad esempio sui lati dell'ara dedicata a Giove protettore del mare che abbiamo trattato in precedenza.

[20] Sulle libagioni si veda anche quanto considerato a proposito della funzione delle are alle pp. 44–45.

**Foto 22.** Coppa per le libagioni (*patera*) del cippo di Sesto
Ellenio Rufino.

**Foto 23.** Brocca per le libagioni (*urceus*) del cippo di Sesto Ellenio Rufino.

Nelle iscrizioni funerarie poste a ricordo di ex-soldati veniva indicato il reparto in cui militarono ed i gradi raggiunti, come abbiamo già visto nell'iscrizione di Gaio Luccio Sabino. Se le iscrizioni ricordavano invece magistrati o funzionari pubblici, a livello locale o di amministrazione imperiale, contenevano l'elenco delle cariche ricoperte.

Due blocchi di pietra sono quanto resta di una lunga iscrizione, databile al III secolo d.C., dedicata al ricco e illustre Gneo Marcio Rustio Rufino, funzionario imperiale di Benevento, ed a sua moglie Salinatoria Augustina. L'iscrizione, incisa, ricordava gran parte dell'importante carriera di Rufino, e doveva appartenere alla tomba che i due coniugi avevano fatto costruire per la propria sepoltura.

**Foto 24.** Iscrizione frammentaria di Gneo Marcio Rustio Rufino – III secolo d.C.

L'iscrizione dopo la dedica: "A Gneo Marcio Rustio Rufino, figlio di Gneo", contenente anche il lungo elenco dei gradi militari raggiunti dall'illustre beneventano, terminava con la dedica in cui si leggeva: "A Salinatoria Augustina, sua moglie, figlia di Publio".

L'elenco dei gradi raggiunti da Rufino e che la sua iscrizione, così come è stata ricostruita dagli studiosi, ci fa conoscere, è davvero impressionante. Rufino fu comandante della guardia notturna di Roma, cioè il corpo di polizia notturna di Roma con incarico di servizio antincendio. Egli fu a capo dei vigilanti notturni dal 205 al 207 d.C. ma in tale corpo aveva militato in precedenza intorno al 190 d.C. come ufficiale della sesta coorte. Il comando di tale corpo costituiva uno dei più alti incarichi amministrativo-militari dell'impero e gli fu assegnato dall'imperatore Lucio Settimio Severo dopo la guerra combattuta dallo stesso imperatore contro i Parti[21] in Mesopotamia[22] dal 195 al 198 d.C. Rufino fu anche funzionario incaricato dagli imperatori Lucio Settimio Severo e Marco

---

[21] Parti = antica popolazione dell'Asia occidentale inferiore stanziata nel territorio dell'odierno Chorassan in Iran.
[22] Mesopotamia = territorio dell'Asia anteriore tra i fiumi Tigri ed Eufrate; fu a lungo sotto il dominio dei Parti. Oggi si trova per la maggior parte nello stato dell'Iraq.

Aurelio Antonino[23] di provvedere al vettovagliamento dell'esercito durante la guerra contro i Parti; inoltre, sempre durante quella guerra, ebbe pure il comando delle flotte imperiali romane di stanza a Ravenna e a Miseno. L'iscrizione poi ricorda una serie di gradi militari inferiori, rispetto a quelli fin qui menzionati, che Rufino aveva raggiunto in precedenza. Così sappiamo che egli era stato ufficiale della prima coorte della guardia pretoriana, ossia il corpo militare d'élite che proteggeva l'imperatore, ufficiale della undicesima coorte della guardia urbana di Roma, cioè la polizia urbana di Roma, ed ancora primo centurione[24] della terza legione dell'esercito detta Cirenaica, e della terza legione dell'esercito detta Gallica.

Un'iscrizione rinvenuta ad Avellino e relativa al beneventano Rustio Rufino riferisce poi che egli, dopo aver ricoperto la serie di gradi militari minori di cui abbiamo detto, aveva svolto anche un importante incarico di reclutamento truppe e che in seguito era diventato governatore della provincia della Siria Cele (zona dell'attuale Siria) iniziando così la sua straordinaria carriera nell'amministrazione dell'impero e tra i vertici militari. Essa si concluse, come sappiamo dall'iscrizione del lapidario,

---

[23] Marco Aurelio Antonino, ossia l'imperatore Caracalla, era uno dei figli dell'imperatore Lucio Settimio Severo; nel 198 d.C. affiancò il padre alla guida dell'impero come imperatore aggiunto.
[24] Primo centurione = sottufficiale più alto in grado.

con la nomina imperiale, molto prestigiosa, a comandante del corpo della guardia notturna di Roma, la capitale dell'impero.

Molto spesso nelle iscrizioni sepolcrali vi sono anche delle indicazioni giuridiche circa il futuro della tomba. In particolare è indicata la non trasmissibilità di essa all'erede segnalata con abbreviazione dalle lettere H M H N S (*Hoc Monumentum Heredem Non Sequetur*: questa tomba non si trasmetterà all'erede). E' il caso dell'iscrizione, databile al I secolo d.C., di Gaio Sulpicio Lucifero.

**Foto 25.** Iscrizione di Gaio Sulpicio Lucifero – I secolo d.C.

L'iscrizione, consumata dal tempo in qualche punto, è incisa e colorata di rosso su una lastra di pietra. L'iscrizione dice: "Gaio Sulpicio Lucifero, liberto di Gaio, augustale, fece erigere la tomba per se stesso e per Sulpicia Thallusa, liberta di Gaio, moglie virtuosissima. Questa tomba non si trasmetterà all'erede". Questo messaggio apparteneva quindi alla tomba che Gaio Sulpicio Lucifero fece costruire soltanto per se stesso e per la propria moglie. I due erano stati schiavi di uno stesso padrone, un uomo di nome Gaio; la donna era di probabile origine greca.

Lucifero, come si apprende dall'iscrizione, ricoprì la carica di augustale. Agli augustali abbiamo già accennato a proposito dell'iscrizione dei Nasellii in quanto Nasellio Vitale aveva ricoperto per due volte la carica di augustale quinquennale. Gli augustali erano un collegio sacerdotale addetto a celebrare il culto dell'imperatore Augusto già quando egli era in vita e poi dopo la sua morte (14 d.C.) quando fu divinizzato, e proprio da Augusto traevano il nome; nel corso del tempo pare che celebrassero però anche il culto dei membri della sua famiglia, la famiglia Giulio-Claudia, nonché il culto degli imperatori successori di Augusto. La memoria di Augusto era onorata dagli augustali con sacrifici, pranzi pubblici e spettacoli offerti al popolo. Questi sacerdoti erano guidati da curatori del collegio, in genere detti questori o augustali quinquennali, e costituivano nelle città un vero e proprio ordine sociale secondo per importanza e prestigio solo a quello dei decurioni. Ne facevano parte prevalentemente uomini ricchi, sia nati liberi che liberti, in quanto le spese per lo svolgimento delle cerimonie religiose erano a carico degli augustali stessi; tutti i componenti del collegio erano scelti con decreto dei decurioni. Il collegio degli augustali aveva una propria cassa e poteva anche essere proprietario di beni immobili, in genere terreni che venivano dati in affitto e che assicuravano rendite destinate a finanziare le attività del collegio; il collegio inoltre poteva anche ricevere delle eredità. Di solito erano soprattutto i liberti più ricchi che aspiravano a diventare augustali perché per legge i liberti non potevano, dato il loro indegno passato da schiavi, ambire alle magistrature cittadine o a diventare decurioni. E dunque non si può escludere che il nostro Gaio Sulpicio Lucifero fosse stato anch'egli un liberto benestante.

## Epilogo

Siamo giunti al termine della nostra breve esplorazione delle epigrafi del Museo del Sannio. Speriamo di aver ·aiutato il pubblico (semplice lettore o visitatore interessato) a muoversi con consapevolezza nel lapidario, luogo particolare di ogni museo perché racconta vicende e storie appartenenti alla vita pubblica e privata delle città antiche.

E' raro trovare in un lapidario delle indicazioni che orientino il pubblico, come delle trascrizioni o anche delle traduzioni di iscrizioni, insomma degli apparati didattici, perché si continua a ritenere che gli oggetti antichi parlino da soli, col loro fascino, senza bisogno d'altro. Ma ciò non è vero, soprattutto nel caso delle iscrizioni, che dell'opera d'arte non hanno la natura, che lasciano inevitabilmente indifferente il pubblico se non si forniscono ad esso spiegazioni adeguate in grado di ricreare un contesto capace di evidenziare il loro carattere di fonti storiche.

La parola incisa sulla pietra ha una forza tutta speciale, senza di essa conosceremmo molto meno gli aspetti più reali, più quotidiani, più umani, della vita degli antichi: la politica, le cariche istituzionali, la religione, i mestieri, la famiglia, gli usi, cioè tutte quelle cose che noi moderni condividiamo, sebbene in forme diverse, con loro.

Le iscrizioni romane sono in sostanza una straordinaria macchina del tempo, testimoni di un mondo passato; erano lì, fisicamente, realizzate da uomini desiderosi di non svanire per sempre e sono adesso qui, fisicamente, tra noi a ricordarci che sono esistite altre epoche e altre società. Le iscrizioni sono un ponte tra la gente di oggi e quella di ieri perché permettono di conoscere e di immaginare. E sembra di vederli, quegli uomini dell'antichità, quei cittadini di Benevento romana, presi dagli avvenimenti delle loro vite, impegnati nelle loro attività. Sembra di vedere Gaio Oppio Capitone, il pretore, amministrare la giustizia; Lucio Avidio, l'edile, occuparsi delle strade e degli edifici pubblici; Marco Cecilio Novatilliano, il funzionario imperiale, difendere nelle controversie gli interessi dei suoi concittadini con il vigore della sua eloquenza; Sesto Ellenio Rufino, il professore, insegnare severamente nella sua scuola; Erullia Primula, piena di dolore, soffrire per la morte del giovanissimo figlio; Gaio Luccio Sabino, l'ex-poliziotto datosi alla politica, sedere nel consiglio cittadino. Le epigrafi allora trasudano umanità, ci fanno entrare in un universo scomparso che non è una terra per noi tanto straniera.

## Appendice

Le iscrizioni latine trattate sono tutte in alcune pubblicazioni scientifiche, innanzitutto il *Corpus Inscriptionum Latinarum* (*CIL*) e *L'Année Epigraphique* (*AE*). Riporto di seguito le iscrizioni indicando il numero del volume del *CIL* e l'anno del volume dell'*AE* seguiti dai numeri identificativi delle iscrizioni all'interno dei volumi; alle iscrizioni ho aggiunto la punteggiatura necessaria a far comprendere meglio i testi ai lettori in possesso di una conoscenza di base del latino. Riporto anche le misure dei monumenti sui quali le iscrizioni si trovano; tali dati, tratti dalle schede del catalogo del museo, non sono disponibili però per tutti i monumenti. Le misure riportate sono espresse in centimetri.

**Abbreviazioni:**

- h=altezza;

- larg.=larghezza;

- spess.=spessore;

- diam.=diametro.

Si ricorda che nella trascrizione dei testi latini sono stati usati i seguenti segni diacritici:

- ( ) le parentesi tonde sono usate per sciogliere le abbreviazioni e per l'inserimento di lettere mancanti per omissione o errore dell'incisore;

- [ ] le parentesi quadre sono usate per integrare le parti adesso mancanti sulla pietra ma che dovevano esistere quando l'iscrizione fu realizzata;

- [...] i punti racchiusi tra le parentesi quadre indicano la presenza sulla pietra di una lacuna dove ogni punto equivale a una lettera mancante;

- / la barra obliqua indica che il testo sulla pietra va a capo, cioè fine riga;

- // la doppia barra obliqua indica fine colonna.

## 1. <u>Iscrizione di Gaio Oppio Capitone</u>

*CIL IX*, 1635 - h 70; larg. 50; spess. 26

*C(aio) Oppio [..] / Capiton[i], / q(uaestori), pr(aetori), in[terr(egi)], / cens[ori].*

## 2. <u>Iscrizione dei sette questori</u>

*CIL IX*, 1636

*C(aius) Suessanio(s)*[25] *C(ai) [f(ilius)], / L(ucius) Amio(s) N(umeri) f(ilius), / L(ucius) Nonio(s) M(arci) f(ilius), / Cn(aeus) Suellio(s) Cn(aei) f(ilius), / L(ucius) Munatio(s) L(uci) f(ilius), / C(aius) Vaterrio(s) C(ai) f(ilius), / C(aius) Freganio(s) N(umeri) f(ilius). // Q(uaestores).*

---

[25] La terminazione *–ios* della $2^a$ declinazione del latino arcaico corrisponde alla terminazione *–ius* in latino classico. Nel latino arcaico, fin verso il 130-120 a.C., le lettere s (ed anche le lettere m) finali di parola erano spesso omesse e così la terminazione *–ios* diventava *-io* come in *Suessanio(s)* e nei nomi che lo seguono.

## 3. <u>Iscrizione del quattuorviro edile Lucio Avidio</u>

*CIL IX*, 1632

*L(ucio) Avidio L(uci) f(ilio) Ste(llatina), / IIII vir(o) aed(ili). /
L(ucio) Avidio L(uci) f(ilio) patri, / Catiae Vibi f(iliae) / matri.*

## 4. <u>Iscrizione del cippo funerario di Gaio Luccio Sabino</u>

*CIL IX*, 1617 - h 192; larg. 94; spess. 90

*C(aius) Luccius C(ai) fil(ius) / Stell(atina) Sabinus / Beneventi
decurio, / vivus sibi et Ofilliae / Paratae uxori et Luccio / Verecundo fratri posterisq(ue) / suis fecit; militavit in coh(orte) / I
urb(ana) ad latus tribunor(um), fuit / secutor, optio valetu-
di(narii), optio / carcaris* (sic),[26] *singularis, benefic(iarius) /
tribuni, a quaestionib(us) factus per / Annium Verum
praef(ectum) urbis, et / tesserarius, optio, signif(er), fisci / cu-
rator, optio ab act(is), cornicul(arius) / trib(uni), be-
nef(iciarius) Valeri Asiatici praef(ecti) / urb(is), missus ab
Imp(eratore) Hadriano Aug(usto) / Serviano III et Vibio Varo
co(n)s(ulibus), [dec(urio)], X [k]a[l(endas)] / Mai(as), Erucio
Claro II co(n)s(ule). In f(ronte) p(edes) XX, in agr(o) p(edes)
XX.*

---

[26] *= carceris*

## 5. <u>Iscrizione del sarcofago di Gaio Umbrio Apolausto</u>

*AE* 1925, 115 = *AE* 1981, 239 - h 73; larg. 191; spess. 74

*C(aio) Umbrio A[pol]aust(o), / decur(ioni) et q[ua]estor(i) / beneve[nta]no. / C(aius) Umbrius Rufinus fil(ius) / et T(itus) Cominius Felic[i]s/simus frater b(ene) m(erenti) f(ecerunt).*

## 6. <u>Iscrizione in onore di Marco Cecilio Novatilliano</u>

*CIL IX*, 1572

*M(arco) Caecilio / Novatilliano, / c(larissimo) v(iro), oratori et po/etae inlustri, al/lecto inter con/sulares, praesidi / prov(inciae) Moes(iae) sup(erioris), iurid(ico) His/pan(iae) cit(erioris), iurid(ico) Apul(iae) et Ca/labr(iae), praet(ori), trib(uno) pleb(is), / q(uaestori) prov(inciae) Afric(ae); / splendidiss(imus) ordo / Beneventanorum / privatim et public(e) / patrocinio eius / saepe defensi, p(ublice) d(ecreto) d(ecurionum).*

## 7. Iscrizione in onore di Flavio Claudio Giuliano

*CIL IX*, 1561 - h 120; larg. 64; spess. 55

*Fl(avio) Claudio / Iuliano, nob(ilissimo) / ac beatissimo / Caesari. / Curante Tocio[27] / Maximo, v(iro) c(larissimo), cur(atore) rei [p(ublicae)] / Benevent[i].*

## 8. Iscrizione del cesarèo di Benevento

*CIL IX*, 1556

*P(ublius) Veidius P(ubli) f(ilius) Pollio / caesareum Imp(eratori) Caesari Augusto / et coloniae beneventanae.*

## 9. Iscrizione dei Titi Ligarii

*AE* 1968, 129

*TT(iti) Ligarii s(ua) [p(ecunia) p(osuerunt)].*

## 10. Iscrizione di Marco Nasellio Sabino e di Nasellio Vitale

*CIL IX*, 1618 - h 67; larg. 116; spess. 32

*M(arcus) Nasellius M(arci) f(ilius) Pal(atina) Sabinus, / praef(ectus) coh(ortis) I Dalmatar(um), et Nasellius Vitalis /*

---

[27] *= Togio*

*pater, aug(ustalis) II quinq(uennalis), paganis communib(us)*
*pagi Lucul(li) / porticum cum apparatorio et compitum a solo*
*pecun(ia) / sua fecerunt et in perpetuum VI Id(us) Iun(ias), die*
*natale / Sabini, epulantib(us) hic paganis annuos $\bar{X}$[28] CXXV*
*dari / iusserunt, ea condicione, ut Non(is) Iun(iis) pagum lu-*
*strent / et sequentibus diebus ex consuetudine sua cenent, /*
*item VI Id(us) Iun(ias), die natale Sabini, epulentur; quod si /*
*factum non erit, tum hic locus ut supra scriptum / est cum an-*
*nuis $\bar{X}$[29] CXXV in pertuum (sic)[30] ad collegium medicor(um) /*
*et ad libertos n(ummi) pertineat, uti i[31] VI Id(us) Iun(ias) die*
*natale / Sabini hic epulentur.*

## 11. Iscrizione del *thesaurus* dedicato alla dea Vesta da Marco Ursio

*CIL I*$^2$, 3193 – h 88; diam. 50

*Vestae; / M(arcus) Ursius M(arci) f(ilius) / t(hesaurum) d(ono)*
*d(edit) l(ibens) m(erito).*

---

[28] = *denarios*
[29] = *denariis*
[30] = *in perpetuum*
[31] = *Ii*

## 12. Iscrizione dell'ara dedicata al dio Silvano Curziano da Lucio Staio Erodoto

*AE* 1981, 240 - h 83; larg. 41; spess. 35

*Silvano / Curti[a]no; / L(ucius) Staius / Herodotus / v(otum) l(ibens) s(olvit) / Νεικετι.*[32]

## 13. Iscrizione dell'ara consacrata al dio Silvano Corneliano da Pamfilio Rufino

*AE* 1925, 118 - h 75; larg. 65; spess. 39

Sul lato principale dell'ara:

*Sacrum / Silvano Co/rneliano, / permissu C(ai) L(uci) Nei / Rufini. Pamphilius / Rufinu(s). Salus.*

Sul lato destro dell'ara:

*P(ropter) m(aius) p(opuli) r(omani) d(ecus) b(onumque) r(ei) publicae) maius.*

---

[32] Come fa intendere il Maio (vedi bibliografia), Νεικετι è una forma greca scorretta per Νικήτι (da Νικήτης = Niceta, vittorioso/vincitore) ed è il soprannome (*signum*) di *Lucius Staius Herodotus* in genitivo o vocativo alla latina; Νεικετι ricalca cioè il genitivo o vocativo latino *Neiceti*, invece di *Nicetii* (dal nome *Neicetius* o meglio *Nicetius* = Nicezio, vincitore, colui che vince).

## 14. Iscrizione dell'ara dedicata al dio Giove protettore del mare

*CIL IX*, 1549 - h 84; larg. 57; spess. 54,5


*Iovi / Tutatori / mar[is].*


## 15.    Iscrizione di Lucio Tiburzio Lisimaco

*CIL I*$^2$, 3198 = *AE* 1968, 141 - h 93; larg. 90; spess. 34,5


*L(ucius) Teiburtius L(uci) l(ibertus) / Lysimac(h)us.*


## 16. Iscrizione del cippo funerario di Marco Munnio Ianuario

*CIL IX*, 1895 - h 95; larg. 44; spess. 44


*D(is) M(anibus). / M(arco) Munnio / Ianuario. N(umerius) / Fufius Modes/tus et Munnia Ia/nuaria fil(io) pien/tissimo fec-er(unt); et / N(umerio) Fufio Modes/to filio.*

## 17.  Iscrizione di Paccia Diodora

*AE* 1968, 137 - h 63; larg. 91; spess. 15


*Paccia (mulieris) l(iberta) / Diodora / sibei*[33] *et A(ulo) Marcio / A(uli) l(iberto) Diphilo.*


## 18.  Iscrizione di Tito Mario Cresto e di Sestilia Cresta

*CIL IX*, 1875 - h 46; larg. 68; spess. //


*T(ito) Mario T(iti) l(iberto) Chresto, / Sextiliai S(exti) l(ibertae) Chrestai, / libertis libertabus; / vivi fecere.*[34]


## 19. Iscrizione del sarcofago di Marco Giunio Erullio Bittiano

*CIL IX*, 1818 - h 80; larg. 210; spess. //


Nella corona al centro del lato principale del sarcofago:

*D(is) M(anibus). / M(arco) Iunio M(arci) f(ilio) / Erullio Bit/tiano, dec(urioni) be/nev(entano). / Vixit an(nos) / XIII, m(enses) VIIII.*


---

[33] *Sibei* è la forma arcaica di *sibi.*
[34] = *fecerunt*

Sotto la corona:

*Erullia Pri/mula mater infel(icissima).*

## 20. Iscrizione del cippo funerario di Sesto Ellenio Rufino e di Arria Hesperis

CAVUOTO, P. - L'*ars libraria* a *Beneventum*, Napoli, L'arte tipografica, 1966. h 112; larg. 46; spess. 51

Lato A:

*Sex(tus) Helleni/us Rufinus, / professor / artis librar(iae) / salaris publ(icis) / honoratus, / et Arria Hespe/ris uxor, vivi / sibi p(osteris) q(ue) s(uis) fec(erunt).*

Lato B:

*Sex(tus) Helleni/us Rufinus, / sui temporis / probatus in / arte librar(ia), / salaris publ(icis) / honoratus, / et Arria Hesperis / uxor, vivi sibi pos/terisq(ue) suis fec(erunt).*

## 21. Iscrizione di Gneo Marcio Rustio Rufino

*CIL IX,* 1582

*Cn(aeo) Marcio Cn(aei) fi[l]io Rustio [Rufino, praef(ecto) co]/hortium vigilum, p[r]aeposito an[nonae L(uci) Septimi] /*

*Severi Pii Pertinac(is) e[t] M(arci) Aurelii Anton[ini Augg(usti), praef(ecto)] / classium praetoria[ru]m Misenatium [et Ravennat(ium), trib(uno) co]/hortium primae prae[to]riae, XI urban(ae), [VI vigil(um), prim(o)] / [pil(o) legi]onum III Cyrenaicae, III Gall[icae], / [Salinato]riae P(ubli) fil(iae) Augustinae ei[us].*

## 22.  <u>Iscrizione di Gaio Sulpicio Lucifero</u>

*CIL IX*, 1699

*C(aius) Sulpicius C(ai) l(ibertus) / Lucifer, aug(ustalis), sibi et / Sulpiciae C(ai) l(ibertae) Thallusae, / uxori sanctissimae. / H(oc) m(onumentum) h(eredem) n(on) s(equetur).*

## Nota Bibliografica


CAGNAT, R., *Cours d'épigraphie latine*, 3$^e$ éd., Paris, Albert Fontemoing éditeur, 1898

CAGNAT, R., *Quaestionarius*, in Ch. Daremberg – E. Saglio (sous la direction de), *Dictionnaire des antiquités grecques et romaines*, tome 4$^e$/ 1$^e$ partie, Paris, Librairie Hachette, s. d., p. 797

CAGNAT, R., *Urbanae cohortes*, in Ch. Daremberg – E. Saglio (sous la direction de), *Dictionnaire des antiquités grecques et romaines*, tome 5$^e$, Paris, Librairie Hachette, 1892, pp. 602-604

CAGNAT, R., *Vigiles*, in Ch. Daremberg – E. Saglio (sous la direction de), *Dictionnaire des antiquités grecques et romaines*, tome 5$^e$, Paris, Librairie Hachette, 1892, pp. 867-869

CALABI LIMENTANI, I., *Epigrafia latina*, 4$^a$ ed., Milano, Cisalpino editore, 1991

CAMODECA, G., *Fabius Maximus e la creazione della provincia del Samnium*, Napoli, L'arte tipografica, 1972. Estratto da: Atti dell'Accademia di scienze morali e politiche della Società nazionale di scienze, lettere ed arti in Napoli, vol. LXXXII, 1971, pp. 249-264

CAMPBELL, B., *The Roman Army, 31 BC – AD 337: A Sourcebook*, London and New York, Routledge, 1994

CARCOPINO, J., *La vie quotidienne à Rome à l'apogée de l'Empire*, Paris, Hachette, 1958 (réimpression)

CASSOLA, F. & LABRUNA, L., *Linee di una storia delle istituzioni repubblicane*, 3ª ed., Napoli, Edizioni scientifiche italiane, 1991

CAVUOTO, P., *Iscrizioni inedite di Benevento*, Epigraphica, 30,1968, pp. 126-142

CAVUOTO, P., *L'ars libraria a Beneventum*, Napoli, L'arte tipografica, 1966. Estratto da: Rendiconti dell'Accademia di Archeologia, Lettere e Belle Arti di Napoli, vol. XL, 1965, pp. 141-166

COLLE DE VITA, G., *Thesaurus antiquitatum beneventana-rum*, Romae, ex typographia Palladis, 1754

CORBIER, P., *L'épigraphie latine*, 3$^e$ éd., Paris, Armand Colin éditeur, 2006

DEGRASSI, A., *Scritti vari di antichità*, vol.3, Venezia – Trieste, Società istriana di archeologia e storia patria, 1967

DEGRASSI, A., *Inscriptiones Latinae liberae rei publicae*, Firenze, La Nuova Italia, 1957-1963, 2 voll.

DORCEY, P. F., *The Cult of Silvanus: A Study in Roman Folk Religion*, Leiden and Boston, Brill publishers, 1992

DUTHOY, R., *La fonction sociale de l'Augustalité*, Epigraphica, 36, 1974, pp. 134 – 141

DUTHOY, R., *Les Augustales*, in H. Temporini & W. Haase (a cura di), *Aufstieg und Niedergang der römischen Welt*, II, 16, 2, Berlin, De Gruyter, 1978, pp. 1196-1300

ECK, W., *L'Italia nell'impero romano. Stato ed amministrazione in epoca imperiale*, 2ª ed. (in ital.), Bari, Edipuglia, 1999

EGBERT, J. C., *Introduction to the Study of Latin Inscriptions*, New York – Cincinnati – Chicago, American Book Company, 1896

GABBA, E. (ed altri), *Introduzione alla storia di Roma*, Milano, L.E.D. edizioni, 2003 (ristampa)

GALASSO, E., *Tra i Sanniti in terra beneventana*, Benevento, Edizioni Museo del Sannio, 1983

GARNSEY, P. & SALLER, R., *Storia sociale dell'impero romano*, Roma-Bari, Editori Laterza, 2003, (trad. it.), (ristampa)

GARRUCCI, R., *Dissertazioni archeologiche di vario argomento*, Roma, Tipografia delle belle arti, 1864

GARRUCCI, R., *Le antiche iscrizioni di Benevento*, Roma, Tipografia Poliglotta, 1875

HÜBNER, E., *Exempla scripturae epigraphicae Latinae a Caesaris dictatoris morte ad aetatem Iustiniani, Berolini, apud Georgium Reimerum*, 1885

HUMBERT, G., *Augustales*, in Ch. Daremberg – E. Saglio (sous la direction de), *Dictionnaire des antiquités grecques et romaines*, tome 1$^{er}$/ 1$^e$ partie, Paris, Librairie Hachette, 1877, pp. 560-561

KLEIN, J., *Fasti consulares inde a Caesaris nece usque ad imperium Diocletiani, Lipsiae, in aedibus B.G. Teubneri*, 1881

LASSERE, J.M., *Manuel d'épigraphie romaine*, Paris, Picard éditions, 2005, 2 voll.

LE BOHEC, Y., *The Imperial Roman Army*, London and New York, Routledge, 2000, (trad. ingl.)

LINDSAY, W. M., *Handbook of Latin Inscriptions Illustrating the History of the Language*, Boston and Chicago, Allyn and Bacon publishers, 1897

LOMMATZSCH, E., *Corpus Inscriptionum Latinarum, vol. I, editio altera: Inscriptiones Latinae antiquissimae ad C. Caesaris mortem - pars II, fasciculus I: Inscriptiones Latinae antiquissimae, Berolini, apud Georgium Reimerum*, 1918

MAIO, L., *L'ara di Silvanus Curtianus presso Benevento*, Atti della Accademia Nazionale dei Lincei – Rendiconti della classe di Scienze morali, storiche e filologiche, serie ottava, vol. XXXI, 1976, pp. 291-295

MEOMARTINI, A., *Benevento. Nuove epigrafi latine*, Notizie degli scavi di antichità, anno 1894, pp.180-182

MEOMARTINI, A., *Benevento. Scoperta archeologica in S. Agostino*, Atti della R. Accademia dei Lincei, serie quinta – Notizie degli scavi di antichità, vol.1, 1904, pp. 107-118

MOMMSEN, Th., *Corpus Inscriptionum Latinarum, vol. IX: Inscriptiones Calabriae, Apuliae, Samnii, Sabinorum, Piceni Latinae, Berolini, apud Georgium Reimerum*, 1883

MOURLOT, F., *Essai sur l'histoire de l'Augustalité dans l'empire romain*, Paris, Emile Bouillon éditeur, 1895

PANCIERA, S., *Epigrafia e organizzazione museale*, in A. Donati (a cura di), *Il museo epigrafico*, Faenza, Fratelli Lega Editori, 1984, pp. 119-130

PAOLI, U. E., *Vita romana. Usi, costumi, istituzioni, tradizioni*, 10ᵃ ed., Firenze, Le Monnier, 1968

POMA, G., *Le istituzioni politiche del mondo romano*, Bologna, Il Mulino, 2002

POTTIER, E., *Patera*, in Ch. Daremberg – E. Saglio (sous la direction de), *Dictionnaire des antiquités grecques et romaines*, tome 4ᵉ/ 1ᵉ partie, Paris, Librairie Hachette, s.d., p. 341

RAMSAY, W. & LANCIANI, R., *A Manual of Roman Antiquities*, 15ᵗʰ ed., London, Charles Griffin and co., 1894

RICH, A., *Dictionnaire des antiquités romaines et grecques*, 3ᵉ
éd., Paris, Librairie de Firmin Didot, 1873, (trad. fr.). Voci: *Ara, Compitum, Lustrum, Manes, Patera, Urceus*

RITSCHL, F., *Priscae Latinitatis monumenta epigraphica: ad
archetyporum fidem exemplis lithographis repraesentata,
Berolini, apud Georgium Reimerum,* 1862

ROBINSON, O. F., *Ancient Rome: City Planning and
Administration*, London and New York, Routledge, 1994
(reprint)

ROSS TAYLOR, L., *Augustales, seviri augustales, and seviri:
a chronological study*, Transactions and Proceedings of
the American Philological Association, vol. XLV, 1914,
pp. 231-253

ROSS TAYLOR, L., *The Worship of Augustus in Italy during
His Lifetime*, Transactions and Proceedings of the
American Philological Association, vol. LI, 1920, pp.
116-133

SAGLIO, E., *Ara*, in Ch. Daremberg – E. Saglio (sous la direction de), *Dictionnaire des antiquités grecques et romaines*, tome $1^{er}$/ $1^e$ partie, Paris, Librairie Hachette, 1877, pp. 347-353

SAGLIO, E., *Compitum*, in Ch. Daremberg – E. Saglio (sous la direction de), *Dictionnaire des antiquités grecques et romaines*, tome $1^{er}$/ $2^e$ partie, Paris, Librairie Hachette, 1887, pp. 1429-1430

SEYFFERT, O., *A Dictionary of Classical Antiquities. Mythology, Religion, Literature and Art*, $8^{th}$ ed., London, Swan Sonnenschein publisher, 1904, (trad. ingl.). Voci: *Colonia, Iuppiter, Municipium*, Ship, *Silvanus, Sodalitas, Vesta*

SILVESTRINI, M., *Una nuova iscrizione per i Lari Augusti dal territorio di Vibinum*, Mélanges de l'Ecole française de Rome. Antiquité T. 104, n. 1, 1992, pp. 145-157

SUSINI, G.C., *Epigrafia romana*, Roma, Jouvence edizioni, 1982

THEDENAT, H., *Curatores*, in Ch. Daremberg – E. Saglio (sous la direction de), *Dictionnaire des antiquités grecques et romaines*, tome 1$^{er}$/ 2$^{e}$ partie, Paris, Librairie Hachette, 1887, pp. 1621-1622

TORELLI, M., *Benevento romana*, Roma, L'Erma di Bretschneider, 2002

TOYNBEE, J.M.C., *Death and Burial in the Roman World*, Baltimore, The Johns Hopkins University Press, 1996 (reprint)

VARONE, A., *Due Umbrii decurioni beneventani*, Atti della Accademia Nazionale dei Lincei – Rendiconti della classe di Scienze morali, storiche e filologiche, serie ottava, vol. XXXI, 1976, pp. 103-108

VEYNE, P., *Il pane e il circo. Sociologia storica e pluralismo politico*, Bologna, Il Mulino, 1984, (trad. it.)

VEYNE, P., *La società romana*, Roma-Bari, Editori Laterza, 2004, (trad. it.), (ristampa)

VEYNE, P., *La vita privata nell'impero romano*, Roma-Bari, Editori Laterza, 2010, (trad. it.), (ristampa)

WHETSTONE JOHNSTON, H., *The Private Life of the Romans*, Chicago, Scott, Foresman and company, 1903